I0098347

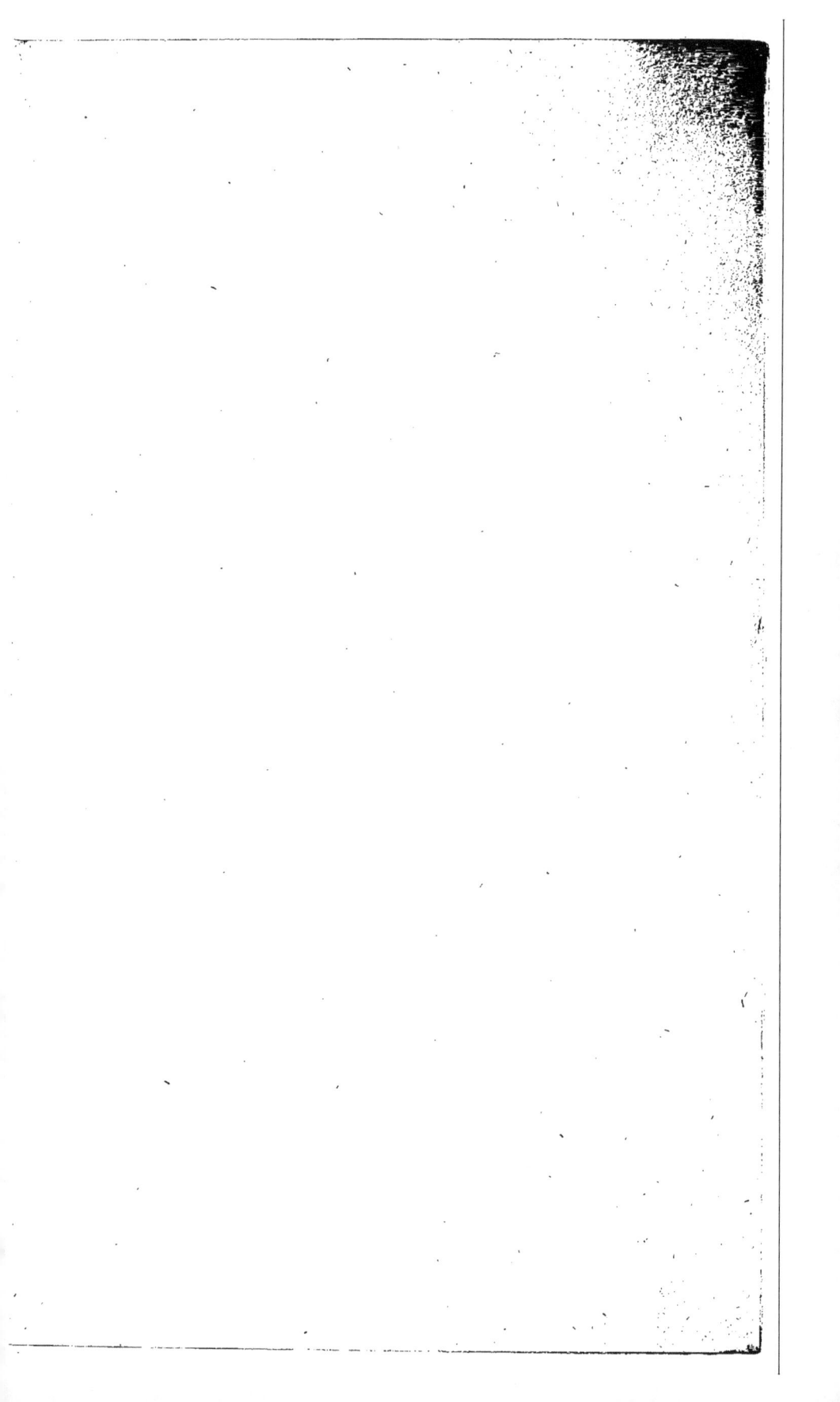

L.k 675.

RÉPLIQUE

DE

M. LOUIS MONTAGNAT,

Conseiller municipal et Membre du Conseil d'arrondissement d'Avignon,

AUX

OBSERVATIONS

DE

M. LE MAIRE D'AVIGNON,

LUES DANS

LA SÉANCE DU CONSEIL MUNICIPAL DU 23 OCTOBRE 1844.

AVIGNON,

Typographie de THÉODORE FISCHER aîné.

1844.

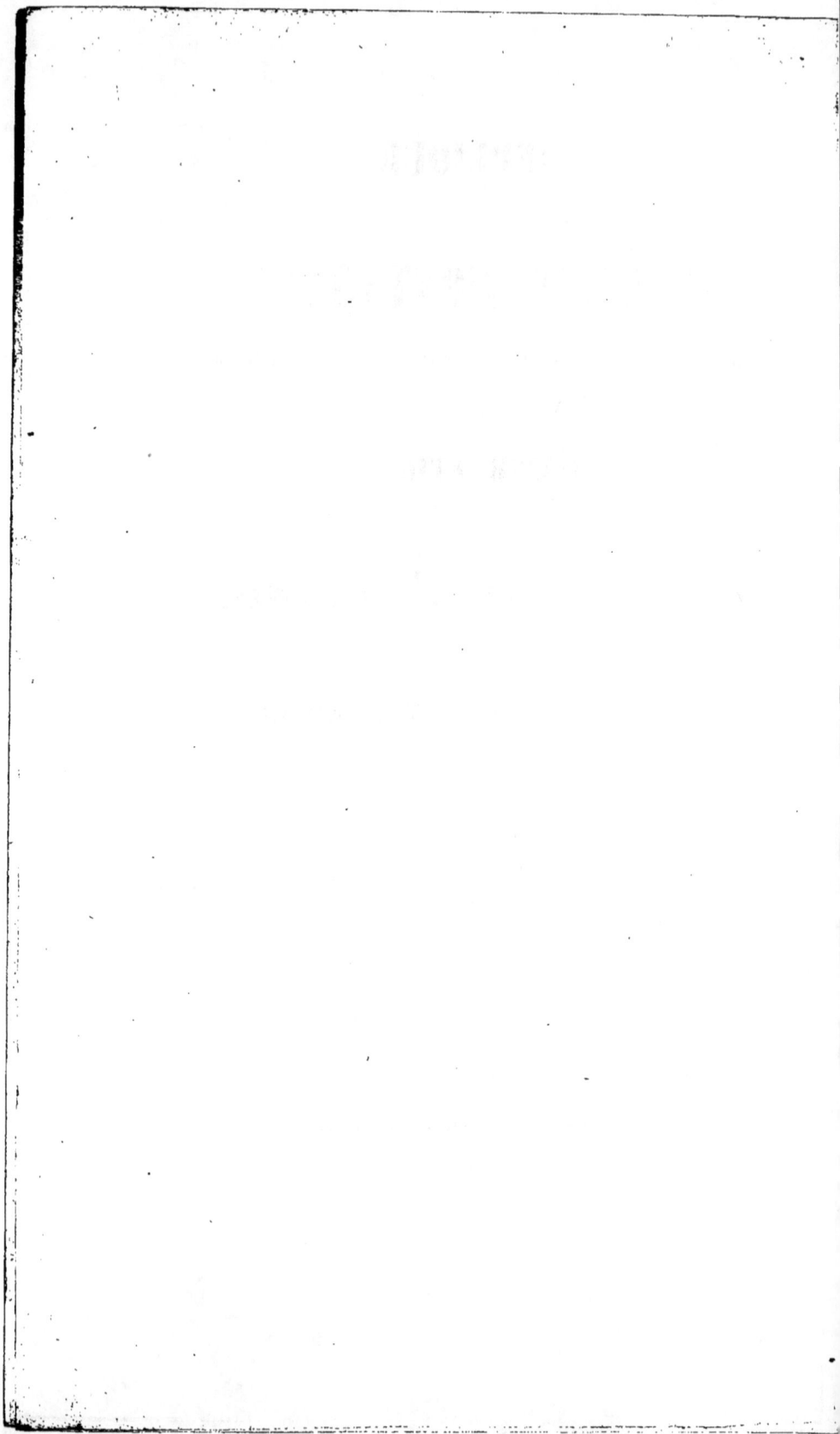

REPLIQUE

DE

M. LOUIS MONTAGNAT,

Conseiller municipal et Membre du Conseil d'arrondissement d'Avignon,

AUX

OBSERVATIONS

DE

M. LE MAIRE D'AVIGNON,

LUES DANS

LA SÉANCE DU CONSEIL MUNICIPAL DU 23 OCTOBRE 1844.

—••••◦ ▓ ◦••••—

La Mairie d'Avignon a fait distribuer une nouvelle brochure sous le titre de *Séance du Conseil municipal* du 23 octobre 1844. C'est le procès verbal de ce qui s'est passé dans cette Séance, consacrée uniquement à entendre les observations de M. le Maire sur la réponse de M. d'Olivier et sur la mienne.

Je n'assistais pas au Conseil le 23 octobre, mon absence était au reste sans conséquence: présent, j'aurais laissé passer très silencieusement les observations de M. le Maire, mon intention n'ayant jamais été d'occuper le Conseil de discussions qui me sont en quelque sorte personnelles, quoique se rapportant à l'exercice de mes fonctions de Conseiller municipal.

On avait dirigé contre moi des attaques dans un écrit public, c'est par un écrit public que j'ai répondu ; j'y ai manifesté l'intention de ne pas prolonger une discussion fâcheuse. Je pourrais donc me renfermer dans cette résolution : mais M. le Maire, dans ses observations, page 6, fait un appel à la vérité, je suis toujours prêt à y répondre. M. le Maire ajoute qu'il pense que je saisirai avec empressement l'occasion de rectifier ce que j'ai dit, c'est là une provocation plus directe, et je dois forcément, non pas rectifier ce que j'ai dit, mais rétablir les faits que M. le Maire s'est efforcé de déplacer. Ainsi, quelle que soit ma répugnance à prolonger une discussion fatiguante, je ne puis me renfermer dans un silence qu'on interprêterait mal ; ce serait passer condamnation.

M. le Maire dit qu'il présente ses observations au Conseil municipal, parce que c'est à lui seul qu'il doit les adresser. Mais alors pourquoi a-t-il rendu public son premier Rapport répandu avec profusion dans tout le département ? s'il se fût contenté de l'adresser au Conseil seul, il ne serait pas sorti du registre des procès verbaux, il en aurait été de même des repliques, et l'on se serait de part et d'autre épargné une polémique dont nous n'avons pas à nous reprocher l'initiative.

Les observations de M. le Maire sur ma réponse à son premier rapport portent sur deux points seulement : l'achat de la maison Croze, et l'affaire de M. de Bayol. Il me sera facile de prouver que je ne me suis point écarté de la vérité et que *je n'ai pas à rectifier ce que j'ai dit.*

Quant à ce qui est relatif au manque de politesse, il serait fastidieux d'en entretenir encore le public, cependant sur ce point toute leçon n'est pas perdue.

En abordant la question financière dans notre réponse du 9 octobre, nous avons opposé à M. le Maire ses propres contradictions à celles qu'il nous reprochait ; nous avons pris pour exemple l'achat de la maison Croze : nous avons cité cette dépense de préférence, parce qu'elle était la plus remarquable. Nous n'en avons recherché, ni cité d'autres, nous n'en avions pas besoin, nous ne dressions pas un acte d'accusation contre l'administration de M. le Maire. Nous lui démontrions que, si de son côté il s'était empressé de signaler les prétendues contradictions qu'il nous attribuait, on aurait pu aisément signaler les siennes ; *que cependant aucune voix ne s'était élevée pour crier à la contradiction et attaquer son administration par des écrits imprimés.* Voilà ce que nous avons dit, c'était le fond de notre pensée ; en l'exprimant, nous ne nous sommes point écarté de la vérité, nous n'avons point tronqué les faits.

Nous avons dit, et nous répétons à M. le Maire que, quand on prend les rênes de l'Administration avec une conviction aussi ferme que celle qu'il avait sur l'insuffisance des ressources du Budget pour subvenir aux dépenses, on ne doit pas augmenter ses embarras en se livrant à des achats considérables d'immeubles dont l'urgence n'est pas démontrée. A ce sujet M. le Maire nous dit que le projet de l'achat de la maison Croze ne lui appartient pas, toutefois, lorsqu'il a été présenté au Conseil, nous n'avons pas vu que M. le Maire ait hésité à l'appuyer et à le soutenir dans la discussion.

Quoiqu'il en soit, pour prouver que nous avons erré sur les faits et les conséquences de cette affaire, M. le Maire nous dit, page 7 de sa dernière brochure : *il n'a pas été payé un seul centime pour cet objet : la dépense que l'on dit faite n'est pas faite.* Mais qu'importe ? l'achat est consenti, la ville est engagée ; et si on n'a encore rien payé, c'est parce que l'Ordonnance royale n'est pas rendue. Nous l'ignorions : M. le Maire n'en avait pas informé le Conseil ; si elle avait été rendue plutôt, il aurait bien fallu payer ; au reste, que ce soit en 1844 ou en 1845, il faudra toujours que la somme se paye.

Et M. le Maire qui trouve (page 7) que nous avons eu tort de dire que cette dépense était faite au détriment de celles portées sur le budget, prouve lui-même (page 8) que nous avons été fondés à en faire la remarque ; nous y lisons : « Je ne puis non plus laisser dire qu'une » dépense *supposée* empêche de faire d'autres dépenses : cependant je » m'arrête pour ne pas revenir sur le chapitre de notre déficit. »

M. le Maire, on le voit, est toujours bien imbu de l'existence d'un déficit dans les ressources du budget.

Puis il ajoute : « Un devis préparé par M. l'Architecte pour les rem- » blais du cimetière, devis qui doit être soumis à votre approbation, porte » la condition expresse que l'adjudicataire ne pourra être payé qu'en » 1845 ; car vous le savez, Messieurs, je vous ai déjà dit, que les recet- » tes de 1845 devront solder les dépenses de 1844. Il y a un an que » j'ai pris *acte de l'état des choses*, et c'était tout à la fois *un acte* de » prévoyance et de prudence. »

Eh mon Dieu ! M. le Maire, nous sommes ici parfaitement d'accord avec vous : nous n'avons pas dit autre chose que ce que vous dites ici vous-même. Nous avons signalé votre *acte de prévoyance et de prudence* qui vous faisait insérer au procès verbal de clôture du budget de 1844, que vous ne vous livreriez aux dépenses portées sur le budget qu'autant que les rentrées seraient assurées. Jusque là tout est bien, et nous sommes d'accord ; mais nous ne le sommes plus, lorsque, dérogeant à votre acte de *prudence* et de *prévoyance*, vous laissez augmenter les embarras de la Caisse municipale d'une dépense de 65 mille francs : ce sera bien là le chiffre auquel arrivera la dépense totale d'achat et d'appropriation.

On nous a dit : la ville n'est engagée que pour 31 mille francs ! Mais qui payera le reste ? le Bureau de bienfaisance ! Or, les 30 ou 35 mille francs qui seront employés à cet achat, ne seront pas distribués en secours aux pauvres. Et si un hiver rigoureux venait surprendre les ouvriers sans travail, et que de nombreux secours devinssent nécessaires, ce serait à la caisse municipale à y pourvoir ! En définitive, de quelque manière qu'on envisage la question, ce sera toujours la ville qui aura à supporter toute la dépense. On nous dira peut être que des dons spéciaux ont été faits pour l'achat de la maison Croze ! si cela est, nous le croirons quand la personne qui les aura reçus l'affirmera ; jusque là il nous est permis d'en douter.

Enfin de tous ces faits, il résulte que, si on n'a pas payé un seul centime sur cet achat, c'est que l'Ordonnance royale qui doit la sanctionner n'est pas rendue ; circonstance fortuite qui ne change rien au fond de la question ; en tout état de chose, on a engagé la Ville pour une somme importante en présence d'autres dépenses plus urgentes qu'on ajournait ; actes tout à fait contradictoires et qui ne coïncidaient point avec ceux de *prévoyance* et de *prudence* auxquels M. le Maire s'était arrêté depuis un an. Dès lors les faits restent tels que nous les avons rapportés dans notre réponse du 9 octobre, nous n'avons donc pas à rectifier ce que nous avons dit.

Nous voici au dernier article des observations de M. le Maire, auquel nous ayons à répondre : l'affaire de M. de Bayol.

Pour justifier le chiffre de la transaction à 4,156 fr., (qui avec les accessoires arrivera à près de 5,000 fr.) M. le Maire nous remet sous les yeux le montant des diverses expertises : la première de 9,568 fr. la seconde ou contre expertise de 8,336 fr. Mais M. le Maire en prenant son point de comparaison sur le résultat de ces expertises, ne s'est donc pas rappelé que le Ministre, par sa décision du 22 janvier 1842, a cassé et annulé toute l'instruction de cette affaire et toutes les expertises en résultant, pour n'avoir pas été suivies et réglées conformément aux prescriptions contenues dans la circulaire du 23 août 1835 et 23 août 1841 ; qu'ainsi son point de comparaison repose sur un chiffre qui n'a reçu aucune appréciation légale : on ne peut donc pas dire que M. de Bayol a réduit ses prétentions ; on a consenti au contraire à payer ce que M. de Bayol avait demandé dans l'origine de sa réclamation, sur sa propre appréciation.

D'après ces faits que M. le Maire ne doit pas ignorer, comment peut-il nous dire page 10 de sa brochure : « M. de Bayol, dont l'amour propre devait être satisfait par le gain de son procès, abandonne toutes

» les prétentions qui pouvaient résulter des expertises postérieures à
» sa demande. »

L'abandon de prétentions basées sur des expertises annulées par un
Ministre, comme illégalement faites, est *un sacrifice* digne de remarque; mais ce qui est encore plus digne de remarque, c'est *l'amour
propre de M. de Bayol* qui se trouve satisfait; et certes le public et les
contribuables en seront encore plus satisfaits! cette satisfaction à elle
seule vaut bien les 4,156 fr.

M. le Maire est-il plus exact dans ses assertions, lorsqu'il nous dit
que la question au fond avait *été résolue trois fois* par le mandat donné
à l'administration? Non, car tout en donnant ce mandat, les membres
du Conseil s'étaient réservé la liberté entière de leur opinion et de leur
action lorsque la question serait reproduite à la discussion : l'observation en fut faite, et il y fut répondu affirmativement. Au reste, sous
tous les rapports, j'étais en droit de reproduire ma proposition; elle
était relative aux formes à suivre par les Communes lorsqu'elles ont à
transiger sur procès. Notre opinion est transcrite en entier dans notre
réponse du 9 octobre : nous la soumettons sans crainte au jugement des
hommes qui connaissent les formes administratives. Puis M. le Maire
les connaît trop pour avoir jamais pensé que la Commune pouvait
transiger avec M. de Bayol sans s'assujétir aux formalités voulues par
les lois. Dès lors, comment peut-il dire et soutenir que, le demander,
c'est non seulement une *mystification* et une *absurdité*, mais une chose
indélicate.

Pour moi, je n'hésite pas à dire, et beaucoup de gens seront de mon
avis, que ce qui est *absurde*, c'est de vouloir traiter sentimentalement
les affaires de la Ville. Quand on traite pour son propre compte, on
fait ce que l'on veut; mais quand on traite au nom d'une Commune, il
faut être équitable et ne pas s'écarter des formalités prescrites par les
Lois. Ainsi, venir repousser par la clôture une proposition qui invo-
quait l'exécution des Lois, c'était vouloir passer pardessus toutes les
formes, *et emporter le fond par la forme.*

Voilà à quoi a abouti le double vote de M. le Maire; il paraît ne pas
l'avoir compris. Cependant plusieurs membres du Conseil le comprirent
ainsi; ils quittèrent la séance aussitôt après le vote de la clôture; je
fus de ce nombre; j'en puis compter au moins quatre. Après, qu'importe au fond que le vote ait eu lieu audessus de la majorité stricte. Il
est évident que quatre membres qui voulaient la continuation de la
discussion s'étant retirés, la voix prépondérante de M. le Maire de-
venait inutile : les douze voix qui avaient voté la clôture formaient alors
une majorité imposante; puis, qu'il y ait eu douze ou quinze voix,

qu'importe, le vote était décidé! la forme avait emporté le fond : le double vote de M. le Maire avait donné gain de cause à M. de Bayol. Il est fâcheux que M. le Maire ne l'ait pas compris, il se serait évité la peine de me contredire inutilement. Ce que j'ai dit, je le maintiens.

Mais, M. le Maire nous dit encore que divers Conseillers qui avaient parlé les derniers, ne pouvaient voter pour la clôture. Et pourquoi? Qui les en empêchait, s'ils avaient trouvé que la question était suffisamment instruite? Ils venaient de parler, c'est vrai; mais en ne votant pas pour la clôture, ils voulaient donner le temps à la réplique. C'était d'autant plus rationnel, qu'un membre du Conseil, jurisconsulte, qui s'était occupé de l'affaire, demandait aussi avec insistance que la discussion fut continuée, attendu qu'il avait à donner au Conseil des renseignements dont il n'avait pu encore l'entretenir, et qui éclairciraient sa décision sur la question en délibération : inutiles efforts, la clôture l'emporta.

Qui pourra soutenir maintenant, avec apparence de raison, qu'il n'est pas exact de dire *que ce soit la voix prépondérante du Maire qui ait décidé la question?*

Pour couronner l'œuvre, M. de Bayol est venu jeter dans la discussion une lettre sans portée : il savait bien au point où en est son affaire, que la majorité du Conseil qui a voté la transaction ne se *déjugerait* pas elle-même ; qu'il n'y a que le Ministre qui puisse l'annuler et exiger que les formalités non observées soient remplies. C'est donc à bon marché que M. de Bayol fait ici preuve de désintéressement : il s'est empressé, dit-il, de finir une affaire dont l'issue ne lui paraissait pas devoir être favorable à la Ville, ayant pour lui un jugement en *première instance*, et *l'avis de trois jurisconsultes distingués de Nismes, choisis non par lui, mais par le Conseil de préfecture.* Mais si c'est le Conseil de préfecture qui a demandé cette consultation, et qu'elle soit si contraire aux intérêts de la Ville, alors comment se fait-il que le Conseil de préfecture l'ait autorisée à appeler du jugement de première instance? Il est bien plus à croire que M. de Bayol fait erreur : le Conseil de préfecture n'aura pas attaché autant d'importance à cette consultation que M. de Bayol veut bien nous le dire : si le Conseil de préfecture eût cru la cause de la Ville perdue, il ne l'aurait certainement pas autorisée à persister dans un mauvais procès.

Ici il se présente une circonstance fort étrange, non pas pour M. de Bayol, mais pour la Ville. M. le Maire nous parle beaucoup de cette consultation de Nismes : cependant il nous a été dit dans le Conseil que les Avocats qui avaient été consultés n'avaient opéré que sur des notes succintes et n'avaient pu examiner attentivement les pièces du dossier : l'Avocat de la Ville nous a dit aussi en Conseil que les Consultants n'avaient pas lu les conclusions qu'il avait prises dans le procès de première instance. Dès lors cette consultation ne serait donc pas aussi *réfléchie* qu'on veut bien nous le dire.

Puis une autre circonstance non moins remarquable se présente encore. Il existe une consultation donnée par trois Avocats distingués du Barreau de Carpentras, MM. Cotier-Jullian, Romette et Estève. Les avis qu'elle contient, les points de fait et de droit y sont motivés et discutés dans un sens tout à fait favorable aux intérêts de la Ville. Les Consultants sont venus à Avignon pour reconnaître eux-mêmes les lieux. Cette consultation était jointe au dossier, et méritait de fixer l'attention de M. le Maire, qui s'est beaucoup appuyé de celle de Nismes, et ne parle nullement de celle de Carpentras. Nous concevons que M. de Bayol n'en parle pas ; mais on ne conçoit pas que l'Administration n'ait pas voulu la faire valoir dans les intérêts de la Ville.

Quand à M. de Bayol, qui nous dit : *qu'il n'a pas l'habitude de puiser dans des Caisses qui ne lui doivent rien* ; nous lui ferons observer qu'il aurait mieux justifié sa scrupuleuse et très naturelle susceptibilité en rompant lui-même directement la transaction, qui n'est encore qu'un projet, puisqu'elle n'est pas approuvée par une Ordonnance royale.

Puis, n'est-ce pas une dérision que de venir prier le Maire d'être son interprète auprès des Conseillers municipaux, pour leur dire que, s'ils le jugent convenable, il renonce à l'effet de leur délibération du 28 août dernier, *laissant à M. Montagnat la responsabilité des chances fâcheuses qui peuvent en résulter pour la Caisse communale ?* c'est au Conseil qu'il devrait s'adresser, et non pas aux conseillers : sa proposition n'avait donc rien de sérieux. D'ailleurs s'il pouvait en être autrement, il aurait dû comprendre, que la partie ne serait pas égale ; qu'il a un avantage que n'ont pas les Conseillers municipaux, qu'ici il a l'air de rendre maîtres de rompre la transaction. Lui, peut régler la défense à son gré, en charger qui il veut ; les Conseillers municipaux n'en peuvent faire autant. Ils ont donc bien fait de refuser de délibérer sur la proposition de M. de Bayol. Si j'eusse assisté à la séance, j'aurais voté dans ce sens. Cependant je dirai à M. de Bayol que, si j'étais en position de régler par moi-même la marche du procès, d'en confier la défense à qui je voudrais, je me chargerais sans crainte de la responsabilité des *chances fâcheuses* que par sa lettre il menace de laisser pour mon compte.

M. de Bayol, qui se montre aujourd'hui si menaçant et si fort assuré du succès de son affaire, ne l'était pas moins en 1841, lorsqu'il était parvenu à faire contracter au Maire un engagement par devant Notaire, qui lui assurait le payement du montant de l'expertise ; il fallut décompter : le Ministre, qui se tenait en défiance de la marche suivie dans cette affaire, trancha dans le vif ; M. de Bayol ne parla plus si haut ! aujourd'hui il pourrait peut-être bien avoir à décompter une seconde fois !.. Nous allons rappeler les faits : M. le Maire dit qu'il ne discute et n'affirme rien que pièces en mains, nous allons en faire de même. Voici textuellement les dépêches du Ministre. Le 4 janvier 1842, il écrivait à M. le Préfet de Vaucluse : « L'Acte notarié passé » le 6 juillet 1841 entre M. le Maire d'Avignon et M. de Bayol n'est » pas un acte administratif, et par conséquent je n'ai pas qualité pour » l'apprécier ; je dois me borner à dire qu'il ne saurait avoir pour » effet d'obliger la Ville d'Avignon vis-à-vis M. de Bayol, et de préju- » dicier aux droits de la Commune qu'il était défendu à M. le Maire » d'aliéner, sans exposer sa responsabilité personnelle. Dans cette » situation, l'acte dont il est question peut tout au plus devenir l'objet » d'une action que M. de Bayol, s'il le jugeait suffisamment fondé à le » faire, aurait la faculté d'intenter à M. le Maire d'Avignon *personnel-* » *lement*, et devant les tribunaux compétents. Mais il ne saurait faire » obstacle aux yeux de l'Autorité Administrative, qui doit passer » outre en ce qui le concerne, et le considérer comme non avenu.

» Tel étant l'état des choses, vous voudrez bien M. le Préfet, » 1° rapporter vos arrêtés des 9 et 29 avril 1841 ; 2° faire délibérer le » Conseil municipal sur le *projet de réunir à la voie* publique le terrain » appartenant à M. de Bayol : 3° dans le cas où cette délibération serait » affirmative, faire procéder à l'instruction de l'affaire, conformément » aux prescriptions contenues dans la circulaire du 23 août 1835 et » 23 août 1841. »

Le 12 du même mois de janvier 1842, M. le Préfet écrivit au Mi- nistre pour lui accuser réception de la dépêche du 4, et le 22 du même mois M. le Ministre répondit à M. le Préfet en ces termes :

MONSIEUR LE PRÉFET,

« Par votre lettre du 12 janvier courant, vous exposez que vous » n'avez aucune observation à faire quant au fond de la décision que

» j'ai prise au sujet de la contestation qui s'est élevée entre la ville
» d'Avignon et M. de Bayol; mais vous ajoutez qu'il ne peut en être
» de même quant au mode que j'ai prescrit pour l'exécution de cette
» décision.

« Vous ne pensez pas pouvoir prononcer vous même l'annulation
» des arrêtés préfectoraux des 9 et 29 avril dernier par la raison :

« 1° Que l'acte notarié, intervenu par suite de ces arrêtés, a donné
» à M. de Bayol un titre qui ne peut être méconnu, quelle que soit la
» valeur qu'il aurait devant les tribunaux.

« 2° Que le recours formé devant moi par M. le Maire d'Avignon
» ayant été produit dans les formes, c'est à moi et non à vous qu'il
» appartient d'annuler les Arrêtés préfectoraux. Sans examiner ici,
» M. le Préfet, si les motifs avancés par vous, pour refuser d'agir en
» l'état où en est la contestation, sont fondés, et afin de répondre au
» désir que vous exprimez, j'ai l'honneur de vous faire connaître que
» j'annulle, en tant que de besoin, les deux Actes administratifs dont
» il s'agit. »

Paris, le 22 *juillet* 1842.

Signé : **DUCHATEL.**

Cette correspondance ministérielle et la décision qui est intervenue
démontrent aux moins clairvoyants tous les ressorts que M. de Bayol a
fait jouer pour profiter de l'acte notarié et des Arrêtés préfectoraux en
sa faveur. Mais le Ministre avait pénétré le fond des choses. Il serait à
désirer qu'il le pénètre encore en cette circonstance; qu'il reconnût que
l'Administration se fondant sur des évaluations déclarées irrégulières et
annulées par ce motif, et écartant toutes les formalités exigées par la
loi, avait fini par accorder à M. de Bayol tout ce qu'il exigeait à l'origine de sa réclamation ; qu'ainsi le Ministre refusât son approbation à
une transaction aussi contraire aux intérêts de la Ville, que les arrange-
ments, dont la décision du 22 janvier 1842 a fait justice. Alors M. de
Bayol pourrait reprendre le procès sans en laisser *la responsabilité* aux
Conseillers municipaux qui ont eu le courage de défendre la Commune
de toutes ses exigeances.

La lettre de M. de Bayol est au reste remarquable sous plus d'un rapport ; il la termine en disant : « Le Conseil doit se rappeler que le terrain que je laisse à 35 fr. le mètre carré a été estimé au prix de 70 fr. par M. Joffroy, Architecte de la Ville.

Cette manière de présenter la chose est assez insidieuse : ceux qui ne connaissent pas l'affaire dans ses détails pourraient croire, en lisant la lettre de M. de Bayol, que M. Joffroy a procédé récemment à cette estimation en qualité d'Architecte de la Ville. Il ne faut pas s'y méprendre : c'est comme expert que M. Joffroy a opéré, alors qu'il était attaché au Corps des ponts et chaussées, et bien avant sa nomination d'Architecte de la Ville. Son expertise, comme toutes celles qui l'ont précédée ou suivie, a été annulée par la décision ministerielle du 22 janvier 1842.

Il paraît que M. de Bayol a oublié la date de l'expertise, voire même la décision ministerielle.

Fiat lux.

Avignon, le 6 Novembre 1844.

L. MONTAGNAT.

Avignon. — Typographie de THÉODORE FISCHER aîné.

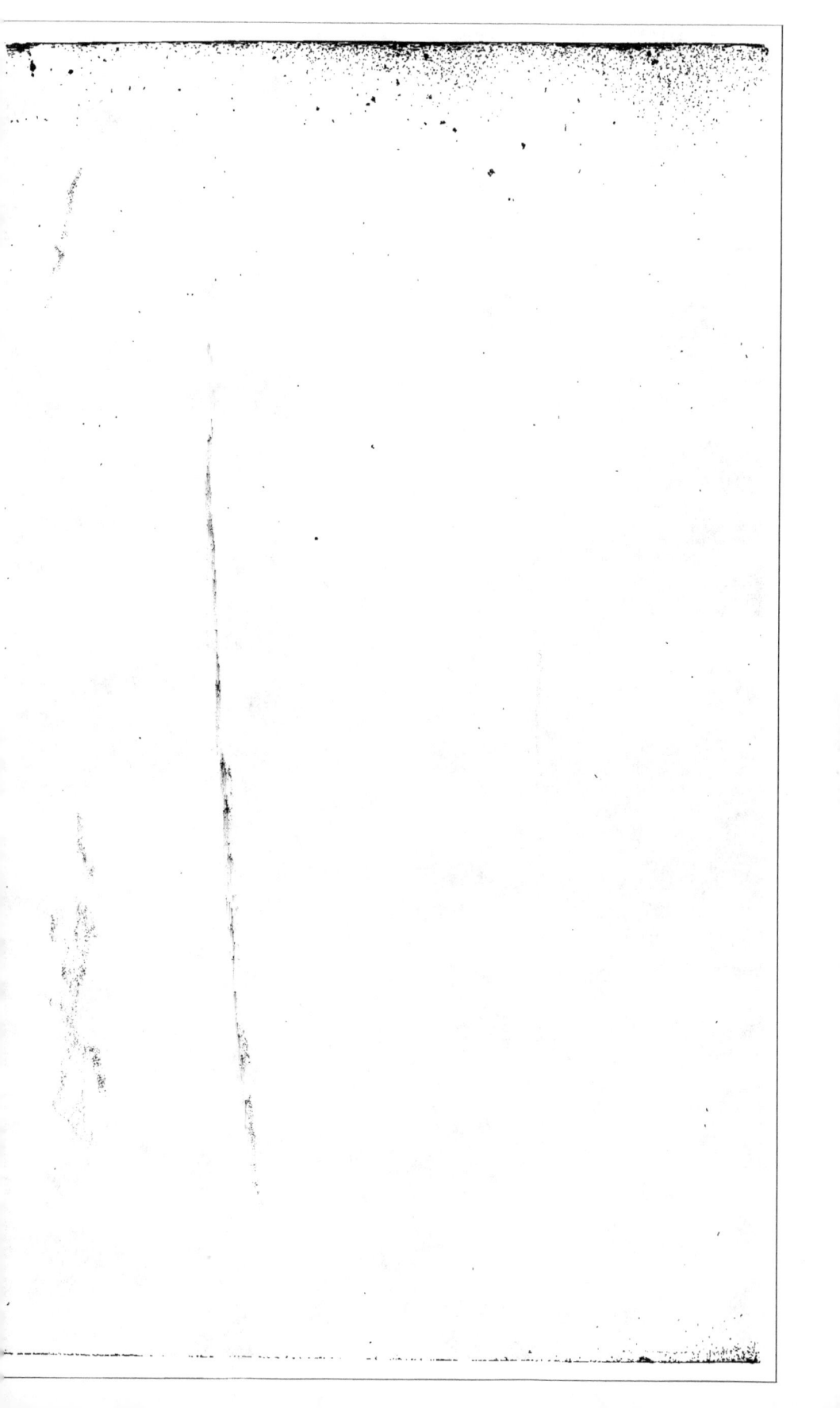

BIBLIOTHEQUE NATIONALE DE FRANCE

3 7531 04325914 3

www.ingramcontent.com/pod-product-compliance
Lightning Source LLC
Chambersburg PA
CBHW061808040426
42447CB00011B/2540